FOR$_2$
FOR fun   FOR life

有兩件事情，
我們很容易遺忘。

休息，要在還有力氣的時候才能休息。
歡喜，要經過練習才能知道如何歡喜。

在一個混亂、吵鬧、騷動的世界裡，

我們唯一能擁有的，

就是讓自己歡喜起來的能力。

練喜簿 The Practice of Joy

Part 1　　　什麼是「喜」？

習題：畫一畫，

　　怎麼讓這個人快樂起來？

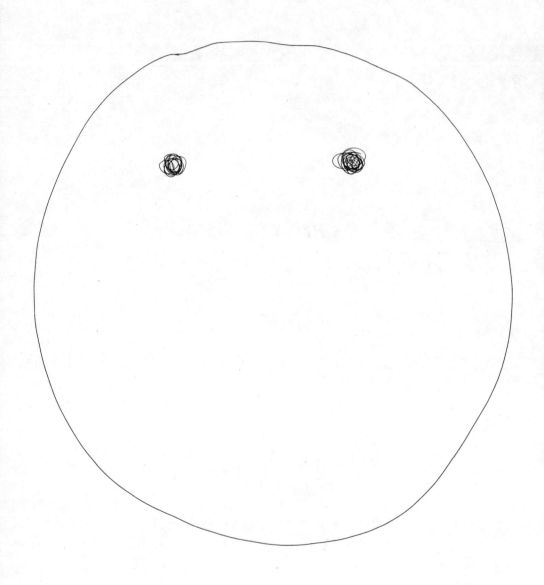

習題：畫一畫，

這個地球怎麼讓它快樂起來？

何為喜，為何喜

以字面上的解釋來說，去查字典的話，它會告訴你：

【喜】
以動詞作為解釋，是愛好、感到歡樂。
以名詞作為解釋，是吉祥的事。
以形容詞作為解釋，是高興的、快樂的。

它是心情的一種，正面的；是一種感覺，看不到而實際上存在的東西。
可以由一個人的舉止、面部表情來感覺到成分的多少。

每個人對喜的定位會因由自己的價值觀而有所不同。

一般在先進的大都市之中，喜可能會稍微有點失於自然。
喜的本質不變但有可能是加工過，或是添加了人工色素及香料。
要稍微去遠一點，在沒有太多四輪（或二輪）排煙廢鐵的地方會比較容易看得到。

一個人在自然之中生活，他／她們的喜自然建立於大自然的純粹裡。

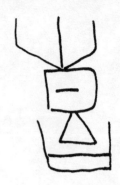

古早古早之前，「喜」是由「壴」跟「口」這兩個字結成。
壴（音同「煮」）這個字被解釋為「鼓」，或是擺設樂器的櫃子。

這樣看來，可以了解早期的人相當重視音樂與喜悅彼此的關係。

稍微想像一下遠古的大地，當人們才剛剛誕生的時候。
跟著大自然之中的律動唱出的第一段音樂，以及聽到的感覺。
相信那是一種奇妙的心情，人們跟著互相微笑，舞蹈。

當一個人聽到音樂，心情就會開心起來，心情好自然話匣子就開了。
兩人愉快的聊天，就成了「喜」。
這也是為什麼音樂人會被解讀是在娛「樂」圈之中。

古人早已說過，獨樂樂不如眾樂樂。
一個人的喜固然是喜悅，
但難免有點孤獨。

人是需要同伴，而喜悅需要分享與被分享。

習題：你有沒有感受過和別人分享「喜悅」是什麼感受？最近一次是什麼時候？

喜有許多不同程度的分類：

普通的喜

【歡喜】

最普通也是最常見的喜，像是原味牛奶的意思一樣。

大型的喜

【大喜】

不用多作解釋，就像去麥當勞買薯條它有分大中小。

【狂喜】

算是喜中之最，略帶危險性的一種。這種情形下一般人很可能會有反常的舉動，但不外乎是蹦蹦跳跳或駭人的尖叫，徹底的進入個人世界。要小心不要過頭（關聯閱讀：如何享受高潮p.54）。

【驚喜】

亡者的心電圖，一直線的橫在那裡，卻忽然跳動起來，不在預期下的喜總是會讓人特別開心的。它與「空歡喜」（見後）是對立的。

行動的喜

【恭喜】

為他人的喜而道賀。

【喜極而泣】

一種人體究極的表現，在最不難過的時候淚腺分泌出眼淚。

習題：你怎麼解釋左頁這些不同程度的「嗯」？

特殊的喜

【法喜】

1.聽法得道，心中豁然開朗的喜，不外於聽到一首好曲，讀到一段好句子。

　　由外來因素得到的喜，在精神層面上獲得一種共鳴。

2.網路遊戲中，突然打通任督二脈，過關斬將之喜。（新解）

【同喜】

1.一起快樂，跟一般自己的快樂不同。這種喜是看到在別人身上的快樂而得到的。 是一種不自私、博愛的快樂。

2.下午的時候，同事分你一塊好吃的麵包的喜。

【隨喜】

這種喜悅，與同喜不同。同喜是對於別人身上發生的結果而感到快樂，而隨喜是基於別人的行為而產生快樂的感覺。這兩種喜悅都不是以自己為出發點，基本上是相當無我的一種心情。當人們被低級頭包圍時，這種心情變得相當珍貴。

習題：你有沒有過這些「喜」的經驗，請回想一段最難忘的。

【空歡喜】

這是現效的喜，保存期限相當的低。像是你以為自己吃了一碗鮮蝦麵，後來發現原來那只是一碗速成的鮮蝦泡麵（不過好歹也是吃到了些什麼）。

又或者是把玻璃誤認為鑽石，或是迷人的背影給人的遐想。

這種喜悅的產生，來自人們豐富的想像力，而事實的結果帶來的落差與期望往往成正比。

但不管怎麼說，當時喜悅的心情終究是真實的，雖然是如此的短暫。

要能承受這種喜悅必須要有一個寬厚的心胸，以及背負那失落的重量。

【暗喜】或【竊喜】

俗稱暗爽。這是喜悅中稍微有點複雜的一種，當事人基於一些原因限制，不能將自己的喜悅明顯的表現出來。

要習慣這種喜悅必須適當地訓練臉部肌肉，或是習慣在腦中瘋狂吶喊。

相信這種喜會對人造成一定的內傷。

【可喜】

可喜可喜，以字面上解釋是可以喜的。基本上也是以別人的喜悅為出發點。

另一種解釋為惹人憐愛的，可以喜歡的。

字典裡還有「可喜娘」一詞──討人喜愛的女子（元·王實甫·《西廂記》：「顛不剌的見了萬千，似這般可喜娘的龐兒罕曾見」）。

習題：怎樣用毛筆，或原子筆，或色彩筆，寫一個大大的，最有「喜」感的「喜」字？

習題：找出代表喜的英文字，這些字都是「喜」的兄弟姐妹。

　　　直的、橫的、斜的、倒的都可能

（答案就在本書內）

i	g	l	a	d	c	f	d	z
h	a	p	p	i	n	e	s	s
v	i	u	t	s	p	q	h	t
m	e	r	r	y	d	e	k	h
i	t	q	j	o	y	r	n	g
r	y	r	c	a	e	s	o	i
t	z	y	g	e	v	f	y	l
h	i	g	h	w	x	k	t	e
t	u	c	b	l	i	s	s	d

習題：找出中文「喜」的同義字或相關語，這些字都是「喜」的兄弟姐妹。
　　　直的、橫的、斜的、倒的都可能

（答案就在本書內）

手	亦	赤	樂	乎	歡	眠	心	怦
嘿	舞	知	音	行	奮	住	曠	悅
愉	忺	足	高	興	琴	孜	神	窮
悅	然	常	蹈	彈	孜	觸	怡	開
恐	吉	樂	下	喜	歡	躍	一	心
開	心	樹	吃	舞	事	耳	欣	笑
額	連	利	色	樂	快	活	然	為
黃	天	飛	衣	陶	樂	心	目	涕
揚	眉	抵	掌	陶	得	意	樂	破

不同語文的喜

【英文】（音：救已）
英文的喜「joy」 由中世紀英文joie演變而成，來自古法文。更早由拉丁文gaudia（gaudium的複數）轉變而成。

【日文】喜び（音：Yorokobi友摟摳鼻）

【韓文】기쁨（音：Gi Bum）

【法文】joie（音：抓）

【台語】喜（音：hieㄏㄧˋ）

【荷蘭文】vreugde（音：佛格德）

【德文】 Freude（音：佛依德）

【義大利文】gioia（音：ㄏㄧ喔呀）

【西班牙】alegria（音：阿烈格力亞）

【瑞士文】Gladje（音：格拉地也）

習題：還有什麼語文的喜？

表示喜的手語

台灣喜的手語：
雙手五指伸出，掌心向內，自胸部至腹部，分
左右一高一低地移動。

美國喜的手語：
雙手五指伸出，掌心向內，置於胸前各作圓圈
式移動。

中國喜的手語：
雙手五指伸出，掌心向上，於胸前揮動幾下。

習題：還有其他喜的手語嗎？不如自創一些吧。

宗教信仰裡的喜

不同宗教裡面，對「喜」有不同的詮譯角度。

以我們熟悉的佛教來說，「喜」是比較粗糙的一種感受，大約可以分為三段來談。

第一段是外界所讓你感受到的喜，一切跟你有接觸到的東西。
看的、吃的、摸的、聽的、聞的。
由這些行為加上個人的偏好，所產生的一種感覺。

當這些有所偏好的東西賦予你喜時，為了守護這些喜，
它將會成為你的一個負擔，反而成為了苦。這就形成第二個階段。

最後一段，就是要離開這些苦，而得到樂。
佛教倡導人們把喜當作一個過程，而不是結果。

基督信仰則是不同的角度。

以基督教徒來說，最大的「喜」就是找到上帝，讓上帝與你同在的喜。
因為感受到自己是上帝的選民，一切行為都是為榮耀上帝，因此讓上帝喜，也讓自己喜。
所以喜悅可能存在於生命中的每一種接觸之中。

習題：請寫下你從自己的宗教信仰中（或者從你的無神論中），所體會到的如何喜悅……

第四個降落傘

有一天，一個呼籲世界和平的慈善義賣活動要進行，大會邀請了幾位代表不同領域與身分的貴賓參加。其中有老虎伍茲、微軟老闆比爾・蓋茲、達賴喇嘛，還有一個嬉皮。他們共同搭乘一架雙螺旋槳的小飛機去那個活動地點。

飛機飛著飛著，突然聽到螺旋槳傳來爆的一聲，機艙裡的氧氣罩掉了下來，煙霧也迷漫了起來。

駕駛艙門打了開來，駕駛員衝了出來。
「各位，我有一個壞消息和一個壞消息。」他呼吸急促地說，「壞消息是，這架飛機即將要墜毀了。好消息是，我們還有四個降落傘。我是機長，那我先拿一個，我先走一步。」說完，駕駛員就跳出了機艙門。

接著，伍茲跳了起來，說：「各位，自從空中飛人喬登退休之後，我就是世界上現役最偉大的運動員了。這個世界需要我這種偉大的運動員，我想，我有資格先拿一個降落傘！」說完話，他從剩下的那一堆降落傘裡拿了一個，也一跳就跳出了機艙門。

機艙裡的煙霧迷漫得更濃，飛機也傾斜得更厲害。
比爾・蓋茲站了起來，說：「各位，我是世界上最大的企業的締造者。毫無疑問的，我是個聰明得可以改造世界的人。這個世界不能沒有聰明得可以改造世界的人。我想，我也有資格先拿一個降落傘！」說完，他也拿了一個降落傘，也一跳就跳出了機艙門。

剩下達賴喇嘛和嬉皮面面相覷。
最後，達賴喇嘛先開口了，說：「年輕人，我想，我這一生已經過得平安喜樂，並且已經參透生死之關。而你還年輕，所以，剩下的一個降落傘，你就趕快拿去用吧。不用管我了。」

嬉皮慢慢地笑了一笑，說：「大喇嘛，別擔心。那個世界上最聰明的人剛才背上了我的背包跳下去了。」

習題：來寫個笑話吧

Part 2
從心情上練喜

別人說的人生歡喜時刻

1. 洞房花燭夜

        2. 金榜題名時

      3. 他鄉遇故知

        4. 千里得家書

  5. 舉案齊眉樂

          7. 採菊東籬下，悠然見南山

    6. 生子有如孫仲謀

   8. 烹羊宰牛且為樂，會須一飲三百杯　　9. 歡喜交朋結友，慷慨又能濟人之急

      10.應無所住而生其心

習題：回憶一下你自己這一生最快樂的十個時刻

練習認識自己的喜悅

電影《魔戒》第三集一開始,可以看見那個小怪物「咕嚕」一路心理掙扎於要不要害主角佛羅多。一下子他身體裡的聲音告訴他要,一下子另一個聲音又告訴他不要。他就在這兩個反覆不定的心情下痛苦進進。

那是一部魔幻電影,這個人物的這種矛盾的心理卻一點也不魔幻。
每天,都會在每個人身上發生。

我們身體裡,事實上不只躲藏著兩個人、兩種性格、兩種見解,而是躲藏了許許多多個。發生任何一件事情,遭遇任何一種情況,我們身體裡最少就有兩種不同的「我」要出面做主。問題是,這個「我」好不容易下了判斷,下了決定之後,等一下另一個「我」又要冒出來,完全從另一個角度否決剛才那個「我」所認帳的一切。而等到否決了之後,先前那個「我」又會冒出來,再度為最新下的這個決定反悔。

我們自以為一直都是自己在下決定。但是卻沒意識到其實是最少有兩個「我」在不斷地下著矛盾的指令。我們看鏡子覺得自己長得很正常,卻沒有想到事實上我們和《魔戒》裡的咕嚕沒有任何不同。我們以為那是電影誇大了的情節,卻沒有想到那是電影簡化了的情節。

這種自我衝突的本質,是讓我們生活裡心情一直難以「喜」起來的主因——因為每一個「我」當家作主的時候,都要被另一個「我」所折磨。所以,要從心情上保持「喜」,一定要先了解自己這種多重個性。

習題：用第三者的眼光，描述一下自己個性中隱藏著幾個「我」，
　　　並回想這些不同的「我」經常如何互相衝突，讓你處於「不喜」。

悲喜相隨

太陽底下，什麼東西都有一個影子相隨。
任何事情，也都有一體兩面。

悲傷與喜悅，是雙胞胎，形影不離。

樂極生悲，說的是喜悅到了極點，一旦放縱的時候，難免會生出一些遺憾事情。
塞翁失馬，說的是悲傷的事情發生了，但是隨著時間過去，
卻反而引發出一些值得欣喜的事情。

有些喜是不是喜，不是當時能判斷的。
有些悲是不是悲，也不是當時能判斷的。

這裡喜了，那裡就會悲。
那裡悲了，這裡也可能會有喜。

別老是讓陰暗占據你的腦袋，人生是苦的，但總也有開心的時光。
這世上總有更多比你環境更差，遭遇更糟的人。
仔細想想是否自己還滿幸福的？

習題：
寫出你人生中悲傷的兩個時刻，
並試著寫出因為這兩件事情，
後來反而發生的美好轉變。

從痛苦中找尋喜悅

看起來，「痛苦」和「喜悅」也是站在
對立面的。
但實質上，「痛苦」與「喜悅」，是另一
組形影的組合。

高飛球是全壘打的鄰居。
想要打全壘打的人，不能不接受經常打
成高飛球被接殺的痛苦。

人生不如意者，十之八九。剩下來喜悅
的可能，才不過一二。
因此，我們大部分時間，要先練習接受
痛苦。要先懂得經受一成不變痛苦姿勢
的壓迫，才能體會一旦痛苦姿勢得以舒
展的時候，其中的喜悅。

我們經常被主觀、客觀的因素，逼入進
退不得的困境而痛苦不堪。
痛苦是折磨，痛苦也是鬧鐘。一直要把
我們從昏睡中叫醒的鬧鐘。鬧鐘，沒有
不令人痛苦的。對待鬧鐘，是看你要把
它摔得稀巴爛，還是要掙扎著起床。

有什麼求不得的痛苦嗎？
那是在提醒我們必須換個角度去看這件
事情。

因為人生漫無目標，不知道要去哪裡的
痛苦嗎？那是在提醒我們終於有了要走
出原有局限的機會。

痛苦嗎？
恭喜了，喜悅就在隔鄰。

習題：寫出你經常為之痛苦的五件事情，想想如何從另一個不同的角度來面對這五件事情。

保持微笑

是的，講了半天，還是離不開笑容。

有空的話在鏡子前看看自己的微笑，眼神中的柔和，跟圓嘟嘟的臉頰，那是多麼的開心。

根據心理學家的實驗，當兩個人在爭吵時，厭惡的表情對腦波刺激最大。如果說相由心生，那是不是反過來也會影響？也許不會直接對自己起作用，但可以很容易的牽制別人。

微笑是快樂的種子，充滿希望，是容易延續的。

一位在超商上班的工讀生，經過了苦哈哈平凡的一天，可能服務了幾個不甚無禮的客人，時鐘好像越跑越慢，總是走不到那下班的時間。你踏了進來，對他來說又是一個客人，對你來說，他只是一段解渴的手續。此時，要是能在付錢的同時，為他的服務贈送一個微笑，也許他能忘了那些無禮，心情也不再感到那麼疲憊。找零錢，這個做了不下千百次的動作，會因為你的微笑而有所不同。

一個微笑，可以美化每個呆板的過程。這是最容易的慈善，連皮包都不用掏，只需要上揚那嘴角。

說真的，臭臭的臉不能讓任何事情美好。

習題：練習微笑的小祕訣

1.對著鏡子練習（或看裴勇俊的海報練習？）

2.隨時隨地要收集一些喜的觸媒

3.常常留意別人的小動作，閒來可以模仿一下

4.每天做臉部運動，保持肌肉的彈性，笑起來就不會僵硬

5.有空便去看笑片，周星馳是首選

6.

7.

8.

9.

10.

11.

12.

13.

讓別人分享你的喜

分享喜的元素，一些開心的事情。
當你有一些令人發笑的事情，請分享出去讓它在別人心中發酵吧！
分享，這個行為也總是令人開心的！

看見身邊的人歡笑是一件多麼快樂的事情 ：)
開心的事，只有一個人知道的話不會很無趣嗎？你也會想要分享吧！
這像是喜悅的存款，試著放在每個人心中的戶頭吧。

你能把喜分享給別人，在他們難過的時候，或者是在路上走著走著，想起你這件事的時
候他們也就高興起來了。
於是他們就會成為「有著異樣微笑的路人」，於是在路上與他們擦身而過，與你八竿子
打不著的人，也連帶著有了一個想像空間。
這些都是因為你的不吝嗇，你的喜的分享，而造成的漣漪效果。

習題：找一件你十分為之歡喜的事情，並試著找三個人讓他們分享你的喜悅。

（譬如，你是否能搭計程車多付五十元小費，看看司機臉上的喜悅？）

偷別人的喜

既然你已經是微笑的那個人，
自然會懂得不要排斥正在哈哈大
笑的人，或是臉上浮起異樣微笑
的路人。
他們都是你的夥伴，而他正在自
己的世界裡陶醉著呢！

越是陌生的人，越應該試著拿走
一點他的歡笑，或是應該說用偷
的。 ;P

這可以是一個遊戲，狩獵路人的
歡樂。你會發現，微笑的路人是
相當美麗的，他們正陶醉在自己
的世界呢！試著注視他們（請微
笑），拿走一點他的歡笑，你可為
他編一個小故事，猜他為什麼這
麼快樂，讓自己同喜，製造一些
你與路人之間的浪漫！

習題：走到街上，找一個看來著微笑，或是看起來很快樂的人。

試著從他的打扮和行為，想像他在喜什麼，以及如何和他分享喜悅。

美好地開始一天的重要

如何美好地開始一天是很重要的。
因為這會影響你整天的品質。

不論你前一天晚上入睡時，有沒有什麼要為今天而苦惱的事情，
當這新的一天開始時，你都要美好地開始。

睜開眼睛就有什麼麻煩事情上心嗎？
先把它扔在一旁。

先給自己最少十五分鐘的時間，什麼要做的事情也不想。
只做下面的事情。

第一，感謝上天（或者你信仰的神）讓你從一場睡眠中享受了休息。平安無事地醒來面對新的一天（睡夢中可能發生的不幸，並不少）。

第二，看看窗外，不論天氣是晴朗還是陰雨，都先微笑。

第三，思考一件今天做了會讓自己很高興的事情，思考到自己不由自主地笑起來。

第四，思索一下你今天要處理的事情。找出其中最重要的一件事情（最多不要超過三件），定下今天希望有的新的進展，然後相信這些進展一定會發生！

第五，花不超過五分鐘的時間，決定一下今天要以什麼樣的穿著來配合自己這麼美好的心情（超過五分鐘，你就給自己找麻煩了）。

習題：如何利用這五個步驟開始自己美好的一天？

美好地告別一天的重要

如何美好地告別一天是很重要的。
因為這會影響你接下來的睡眠的品質，以及明天如何開始美好一天的準備。

不論你今天白天遭遇到了多麼不愉快的事情，
當晚上要入睡之前，都要美好地告別這一天。

先給自己最少十五分鐘的時間，什麼要做的事情也不想。
只做下面的事情。

第一，感謝上天（或者你信仰的神）讓你完成了一天繁忙的工作，平安地回到了家裡（白天更是各種意外都可能發生）。

第二，回想一下今天做了什麼讓自己很高興的事情，回想到自己不由自主地笑起來。

第三，思索一下你今天處理過的事情。找出其中最重要的一件事情（最多不要超過三件），比對一下今天早上定下的進展目標，看看這些進展有沒有發生，然後檢討一下原因，當作明天的參考。

第四，睡眠是休息。休息也是一種狀態，需要準備的狀態。花最少五分鐘的時間，準備一下上床前可以讓自己用最放鬆的狀態入睡的事情（超過五分鐘，你就給自己找麻煩了）。

第五，睏意上湧，要睡著之前，記得微笑著跟身邊的一切（包括人和物），說一聲「晚安」。

習題：如何利用這五個步驟告別自己美好的一天？

暴躁

有一位老闆，別人說他挺聰明的，工作努力，能力也不錯。
同事都說他笑起來的時候挺可愛，大家工作起來心情也會跟著很好。
但是，他就是不常笑。
不常笑，又暴躁易怒。又容易莫名其妙地發怒。
說莫名其妙，是因為他容易發脾氣的，都是些一些別人看來的小事、細節。大事出了錯，
他倒是不見得有什麼反應。

問他理由。他這麼回答：
「老闆本來就是要扛大事的，所以大事如果他們處理不好，是我不對。老闆僱人，是來處理
他們份內應做好的事情，所以他們如果連自己份內應做好的事都做不好，甚至不會做，那
我不能不暴躁。」

他的公司規模越來越大，要處理的事情越來越多，別人的毛病他也覺得越來越多，於是每
一天都像隻刺蝟，一點點都經不得碰。
他的同事受不了，他自己也受不了。

一直到有一天他突然想開。他發現自己根本不是老闆。
自己其實是「僕從」，專門要為屬下處理善後事宜的「僕從」。
屬下才是真正的老闆。而幫老闆處理他們份內處理不好的事情，是「僕從」的天職。

於是他開始熱愛上班。樂意從「僕從」的工作中學習快樂。

習題：你怎樣容易暴躁？有哪些名言是你要時刻記在心裡，防止自己暴躁起來？

如何脫離低潮

很多時候大家不願意面對自己的低潮，讓它在那邊囂張。

每個人都有一個容易陷入低潮的罩門。
生活中，一不小心打從這個罩門門口經過的時候，容易開了門就掉了進去出不來。
一定要很快地找出另一把鑰匙，開另一扇門走出來。

一位愛騎單車的朋友說，他是陽光動物。
在陽光下就心情愉快，運動起來就帶勁。
到了晚上，他就沒有心情也沒有體力。

有一天下午他在南橫騎單車，騎得過癮，忘記了時間，一下子天色就暗了。
而他卻在一個山區越騎越深遠。
他進了夜晚這個罩門，越進越不是滋味。
山路的崎嶇，讓他擔心起會不會出什麼意外。
四周的風聲、幢幢的黑影，給了他胡思亂想的許多壓力，越來越大。
而越想騎出這個山區，山區卻越大得深不可測。

一直到他注意到月光的皎潔，到他逐漸發現原來這是一個只屬於他個人所有的山區。風、林、月、山，都是他的。
於是，從不去KTV的這位朋友，把他從兒時到長大之後少數記得的幾首歌，拿來一路唱出了山區。

有進入低潮罩門的那把鑰匙，就一定有走出這個罩門的鑰匙。

習題：你怎樣容易陷入低潮？

記下遇到低潮時刻應該轉換心情，提醒自己要做的事情。

如何享受高潮

使用過多的色彩，最後只有黑色。

過量的喜，能遮住你的耳朵，矇蔽你的眼睛，
會讓你錯過一些重要的東西。

讓你陷入一種危險而往往自己不知道，
事後與之前的喜悅對比，往往是特別的痛。

為了想要混出極燦爛的顏色，使用過多的色彩最後只有黑色。
或者是講老套一點，越高的人會摔的越重。
想要停留在高潮的人要小心，因為既然是浪潮般的感覺，來了就會去。
如果只是幻想著高潮會永遠停留在此刻，最後你可能會傷心地跌落。

習題：你最容易High起來的是什麼時候？為免得樂極生悲，寫下來，或者畫下來，
　　　下次記得要High 起來的時候，先提醒自己的事情。

平淡中找喜子

還有些時候，需要試著排除太複雜的因素，把喜悅建立在單純的事情上。

有時候，過日子也許是滿安全，就像完全不起浪的海，
不會捲人下海，但卻也沒辦法讓孩子們感受海浪捲腳的新鮮，樂趣。

試著欣賞你身邊平淡的事物，找出其中的美麗。
真誠地與別人相處，了解他們心中的感覺和快樂。
試著尋找，在平淡中被你忽略，或是遺忘的光芒。

試著去了解自己，了解怎樣才能讓自己快樂，並且付出行動。
試著從平淡的工作、學業、生活之中，把喜一點一滴的提煉出來。
讓自己每天都在探險，每天都得到新鮮。

要是能在最平凡的時刻，每天都得經過的過程中，增添一點點的喜，
你說不定能發現一些不曾注意的小地方，讓每天十分鐘的上班路程不再如此的呆板。

讓平平凡凡的感覺變得有點不一樣，讓自己有點與眾不同的感覺，
在心中裝一點喜是個很好的辦法。讓嘴角上揚一點，雙眼閃亮一點，見到人會點頭微笑，
你的臉上就會有跟其他人不一樣的光彩。

這種提煉是很花工夫的，花心力的。
但提煉也可能在每一個角落，每一個時間進行。

習題：哪些時刻是你生活中最平淡無味的？

列出你生活中覺得最平淡無味，一成不變的枯燥之處，然後努力思
考你可以如何從中提煉出「喜」？

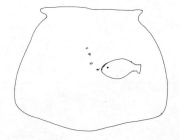

能量的浪費

喜悅，是需要能量的。

我們難於喜悅，是因為我們沒有了能量。

而能量，主要浪費在不必要和不愉快的情感上。

要保有自己的能量，必須先破除自己千千萬萬瑣碎不堪的執著，必須把自己從成千上萬的瑣碎情緒中解放出來，必須學習不要顧慮那些情緒上讓你不共戴天，但是理智上不過芝麻綠豆的事情。

人需要分享，需要夥伴。大多數的人都會這麼認為。當然有人選擇獨自生活。但不管願不願意，人與人的交流總會發生，而交流之中難免有摩擦。有些人總是能過得很開心，但有些人卻常常把抱怨掛在嘴邊。

一整天之中會遇到多少人，幾種人，這些都是不可預測的。俗話說的好（又來一個俗的）大人不記小人過，當你遇到那些可憐的小人時，請試著原諒他們吧。

遇不遇到，這你不能選擇，但生不生氣（要多生氣？），就看你自己了。請抱著客觀的角度，去接受他。可恨之人也是有可憐之處的，他可以是一個活生生的警告。

發生在你身上，並不代表他是針對你而來，別讓自己成了他的戰利品。

氣不過的話，可以回報他們一個最低能的微笑。

笑容是屬於勝利者的，笑住吧！當哪一天你遇到一個好心人時，你會笑得更開心的。

習題：散播快樂的腦內啡，到底長成什麼樣子的呢？
　　　把點子隨意連起來看看唄。

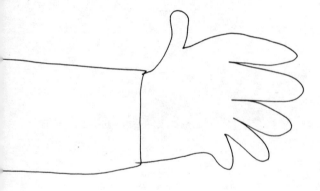

習題：為了掌握快樂，你希望擁有什麼呢？
畫在這隻手上吧！

習題：為了掌握快樂，你願意放棄什麼呢？畫在這隻手上吧！

習題：請用以下一些原素把這幅圖完成。

●一個微笑

●太陽

●冰淇淋

●風

●一隻貓

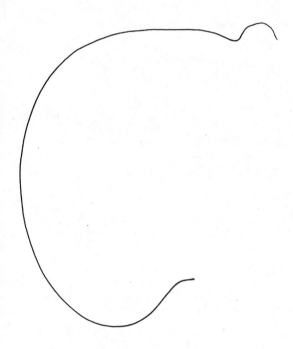

別人這麼說他心愛的喜

天若不愛酒，酒星不在天；地若不愛酒，地應無酒泉。
天地既愛酒，愛酒不愧天，已聞清比聖，復道濁如賢。
聖賢既已飲，何必求神仙？三盃通大道，一斗合自然。
但得酒中趣，勿為醒者傳。

——〈月下獨酌〉李白

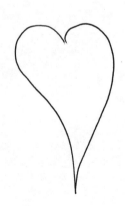

習題：你自己也用寫的或畫的，在這個心形之內把你最喜歡的東西表達出來。

笑話 2

不同凡「響」

有一天，有一家診所裡來了一位妙齡女郎。
她很尷尬地說明了她的苦惱。

「醫生，我有一個不大不小的問題。」她停了一下，「就是我有一個經常不由自主放屁的問題。可是幸好，我放屁都沒有什麼聲音，也沒什麼臭味。你看，我進了你的診所才十來分鐘，已經放了二十多個屁了。我看你也沒有感覺到，因為真的是又沒有聲音，又沒有味道。」

醫生很專心地繼續聽她說。

女郎接著說，「所以，我本來也覺得這就算了，不必看醫生了。可是想想，好像還是來比較好。」

醫生點點頭，說：「妳的決定是對的，是來看看比較好。這樣吧，我先開個處方給妳，妳先回去吃一個星期，再來看我。」

女郎拿了藥回去。一個星期後，她很訝異地回來了。

「醫生，你開的藥是怎麼回事？我現在放屁依舊，仍然沒有聲音，可是有味道了，臭得要命！」

醫生點點頭，說：「那就對了。我剛治好了妳的嗅覺。現在，我要治妳的聽覺了。」

習題：來寫個笑話吧

從生活中練喜

Part 3

吃的喜

吃東西就是一種喜。

但是，如同為了到達目的地而走路，大多數的時間，人們也是為了填飽肚子而吃。

在繁忙的社會裡，大家很容易因為太匆忙而忘了欣賞沿途的風景。

前面提到，一旦你克制自己之後，東西會變得更有價值。

像肚子很餓的時候，東西都很好吃一樣。

常常我們是麻木的，吃只是吃，並沒有品嚐。

不經意的放棄了「有感覺」的特權。

在充滿限制的社會中，大家也學會了機械式地成長。

其實，聲音、色彩、味道都有它的和諧。

如果願意的話，仔細地品嚐你的食物，說不定能找出一種自己的味道。

細心地感受你的食物吧。

仔細地感覺，你咀嚼的東西。

花更多時間，找出舌頭的快樂。

習題:寫下你最喜歡的十家餐廳,以及你最喜歡他們的菜名。

習題：看到這盤蛋糕，會讓你想到喝什麼樣的茶（or咖啡）？

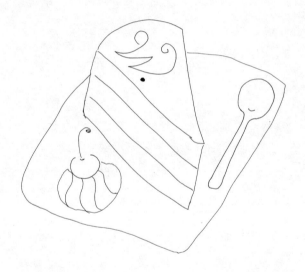

習題：貼上你最喜歡吃的甜點照片

穿的喜

服裝有「能」、有「量」、有「能量」。

自己本身是「能」，衣服是「量」，衣服穿在身上呈現出的是「能量」。

每天早上開始穿衣服前，這時「能」還沒被啟動，先自我判斷本身的「能」有多少，再決定衣服的「量」。

「能」很低的時候，要強迫自己把僅有的能，拿來對付去找好的量的衣服，這樣服裝放在身上的能量才會高。

如果還沒認清自己的能而躲在衣服後面，那麼你一天的能量永遠處於低狀態，這一天會過得很灰暗，

累會變得更累，負面效果一直延續，而且很可能惡化。

——《脫衣術》黃薇／著

習題：如果心情可以分「非常快樂」、「快樂」、「一般」、「低沉」、「沮喪」五種，請你從衣櫥裡
　　　選出五套衣服，兩套可以配合你前二種心情，三套可以調整並改變你後三種心情，讓低落的
　　　心情可以歡喜起來。

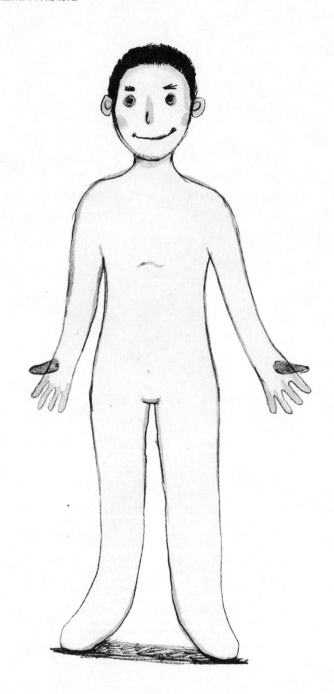

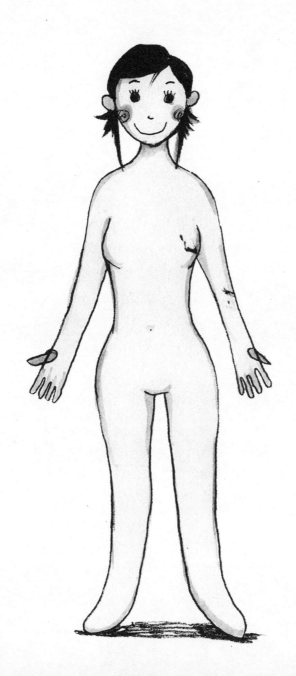

習題：把這個籃子放滿你喜歡的東西吧

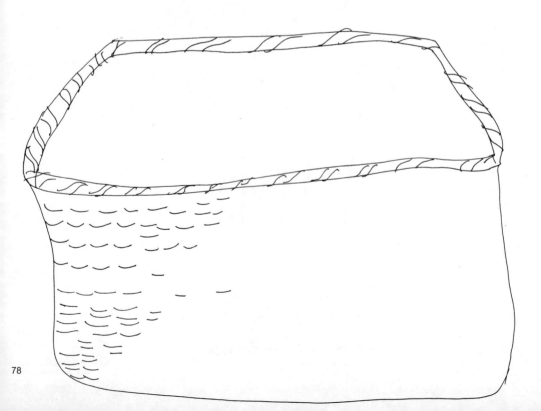

習題：你最喜歡哪些品牌的衣服、護膚品、香水、巧克力、家具、文具……？

用寫的、畫的，或把你收集而來的品牌商標貼在這裡，以及你為什麼喜歡的原因。

住的喜

住，有兩個可以講究的地方。

住在自己喜歡的地方，也許是海邊，靠山。或是在都市中心。
也許你需要夜景，需要海洋，需要捷運站。
另一方面而言，也許外在的東西並不是那麼重要。
一個人需要多充實自己的內在。
一個人的家也是一樣。

像是作家自然會有一個小書房，廚師當然喜歡在廚房翻翻冰箱；
抑或因為家裡不能抽煙，而日久生情的陽台；
還有充斥著自己品味擺設的房間。
就像一隻貓，
總能蜷縮在最適合他的小小角落。

不用上好的磁磚或是壁紙，
你只需要一些海報，一些吊飾，當自己的室內設計師。
佈置好一個你的空間，讓這種舒適帶領你與世界隔離。

好好享受，感受喜，擁有這份歸屬。
喜歡自己住的地方，一種很美好的感覺。

習題：你的窩有哪一個角落給了你最大的喜？

習題：把這個空間布置成自己最喜愛的窩，添加你最想要的東西。

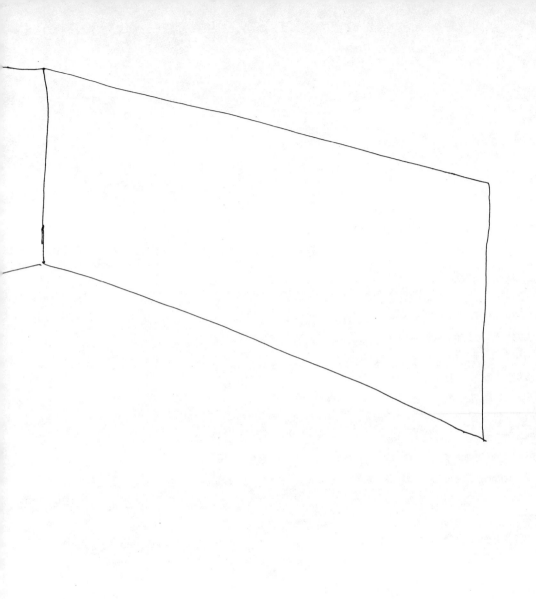

打掃屋子的喜

屋子是空間。
空間，原來就是需要留著空的地方。

我們最喜歡在屋子裡堆滿了東西，
也就是最愛破壞空間的作用。

外在的空間堆了一大堆，
空間的作用就破壞了，
於是我們心裡的空間也就跟著塞滿，喘不過氣。

要整理心裡的空間，
首先得從外在的空間下手，
從你屋子裡的空間下手。

整理你的屋子吧。
選一個週末，
也是好好地整理你的心情。

整理沒什麼祕訣。要起動，只有兩個：
一，丟掉你不想留的東西。
二，如果有些東西又想留又想不留，那就丟而不要留。

習題：寫下你最想清理的三個空間，並定下完成日期。完成一個，就寫下你的心得。

行的喜

比起交通工具本身，我們要更著重的是它帶給我們的感覺。

交通工具，不外乎是求得一個快速、方便。
由於現在交通工具的氾濫，它的外表和造型也列入了製作者考量的範圍內。

交通工具帶來的喜悅，應該是建立在那感覺上面。
車子很方便，給人一個在室內，安全的感覺。
腳踏車，摩托車，讓人在運行中感受到空氣的切割、風的存在。
飛機在空中飛翔，接近雲朵。
船讓人深刻地體會天與大海的遼闊。

一個交通工具的存在都是為了一個目的地，
而喜悅將可以從那過程中取來。
然而，也別忘了那最早的交通工具，雙腳。

尋找在「行」中屬於你的喜。

像是日本的電車迷，各個車種，軌道都瞭若指掌。
在電車與軌道的震動之間，他們找到了屬於他們的喜悅。
選擇一個舒適的方式帶你去想去的地方吧。

習題：寫下一個你想去了很久，但一直沒去成的地方，以及你為什麼一直沒去的理由。再寫下你現
　　　在決定在這個周末（或月底）就要去的決心，準備選擇的交通工具，然後實現吧。

在網路上閒逛的快樂

有時候，你也需要讓腦袋shopping、閒逛一下。

網路世界是你其中一個可以蹓躂的地方。

不是為了工作而找什麼資料，漫無目的想找什麼便找什麼，

想到去哪兒就去哪兒。

在搜尋器上打上你喜歡的人名、地名……

甚至無聊的尋找在虛擬國度裡有多少個跟自己同名同姓的人。

想一想，其實很多的喜，都是從網路上得來的，像令人捧腹大笑的笑話，或沒法在本地看到的搞笑廣告片。

在網路上閒逛，隨心所欲取得你所得，而且還是免費的，

好比進入了琳瑯滿目的超級、應該是說megastore，滿足了「順手牽羊」的快感。

在網路上閒逛，你可以遇上很多意料之外的事情，

每個星期抽一個小時在網路上，發掘一些有趣的網站、新聞、部落格……或者把覺得有用的資料存起來，

電郵給朋友跟他們分享自己的發現。

習題：跟衣櫥一樣，我們需要把從網路上收集回來的網頁整理歸類，不常使用的，就把它丟掉，使用時就能更快、更得心應手，否則對著一團零亂的網站會你迷失方向。

整理一下你收集的「我的最愛」分類。

練習滿足的喜

有時候我們的聽歸聽。有沒有把事情放在心上，真正去做又是另一回事。

知足常樂，這麼老套的成語（是的，這的確是老套），可能連講出口都有點不好意思，
但這卻是快樂的不二法門。
想要得到快樂，我們就應該練習滿足。就像運動與良好的健康一樣，這種互動是可以培養的。
從善待，珍惜我們擁有的事物開始。

從環境來看，我們的生活是平安，祥和，遠離戰爭的。
從個人上來看，我們擁有健康的身體，可以試著完成，挑戰很多想作的事。
如果再去思考「自我意識存在」的問題，會發現我們擁有的已經太多了。
有人引用《聖經》裡的話說，一個人，能夠感到微風輕拂他的臉，可以感到水的甘甜，就應該感到滿足了。

可不是嗎？我們存在，活著，能夠有所感覺，不就是一件很美妙的事嗎？
我們像是被寵壞的小孩，除了微風，流水之外，現在能夠感覺，擁有的東西實在太多，甚至太複雜了。
那些很純粹的滿足，很容易就被忽略掉了。
看看孩子們，為什麼他們那麼快樂？
因為他們的感覺還很敏銳，對他們來說值得快樂的事太多了。

我們也該練習，練習讓自己滿足。

習題：你希望最基本的滿足是什麼？

練習忍耐的喜

喜悅來自於滿足。那又該如何練習滿足？
這是可以從忍耐開始。

首先把自己喜愛的事物列出來，越是容易接觸到的東西越好。
通常面對喜愛的事物時，我們的行為是很放縱的。
一首好歌要反覆的播、喜愛的人要每天見面、好吃的東西要一吃再吃。
過度的追求只會模糊事物的價值，將它們帶來的滿足、新鮮感都消失了。

所以我們該限制自己，
對喜愛的事物練習忍耐，附上條件，這樣才能將快樂囤積起來。
試想連續吃了五天的土司麵包，
在周末吃一碗牛肉麵的感覺，會是多開心。

一旦控制了慾望，事物會更有價值。

習題：你最想忍耐著享受、延長享受的事情是什麼？怎麼開始練習？

學的喜

學習，難道就只有讀書上學嗎？

我們要提高自己的價值，讓自己很有很有建設性，
就要每天不斷的進步，那怕只有一點點也好，讓自己越來越愛自己。
可以的話每個人都需要一個目標，或是找出自己喜歡什麼。
去學習自己的興趣，是一件很快樂的事。

問自己，
為什麼音樂這麼好聽？為什麼顏色這麼漂亮？
要多問為什麼，每當有不確定的問題時，
最好就能抄在筆記上面，讓自己學習，
去多瞭解這世上的一點點。

每一種學到的都是屬於你的，只有屬於你自己。
學習什麼喜？基本上，學習，就是喜。
每個人生來不同，
自然想學習、有感覺的事物也會不同。
不要老是羨慕別人而忘了自己，
尋找那份屬於你自己的光榮，被自己感動吧。

習題：曾經學習什麼讓你最快樂？今天你又最想學習什麼？定下一個計畫，決心實現吧！

讀書的快樂

讀一本好書，卻會讓你的努力有所回報。最好的書對你的回饋也最多。當然，這樣的回饋分成兩種：第一，當你成功地閱讀了一本難讀的好書之後，你的閱讀技巧必然增進了。第二——長期來說這一點更重要——一本好書能教你了解這個世界以及你自己。你不只更懂得如何讀得更好，還更懂得生命。……

如果這本書是屬於更高層次的書——只佔浩瀚書海一小部分的書——你在重讀時會發現這本書好像與你一起成長了。你會在其中看到新的事物……那是你以前沒看到的東西……

你到這個時候才會開始明白，你最初閱讀這本書的時候，這本書的層次就遠超過你，現在你重讀時仍然超越過你，未來很可能也一直超越過你。因為這是一本真正的好書……就算你已經變得更有智慧也更有知識，這樣的書還是能提升你，而且直到你生命的盡頭。

——《如何閱讀一本書》

莫提默．艾德勒、查理．范多倫／著

習題：把你曾經讀過，最喜歡的書單列出來吧。

　　從這些書中所談到的書，再試著去找延伸閱讀，看看能發現什麼驚喜。

選擇一個讓你丟掉壞心情的運動

運動跟喜是有很大關係的，去哪裡運動也是選擇場所的一種。

人在運動之後或之中，會在腦內分泌腦內啡，這分泌物能讓你感覺種比較正面，
會覺得活著很好，或比較能接受傷痛（心理的）之類的積極想法。
分泌腦內啡，就像是分泌喜一樣，
做運動不僅讓你身體健康，也讓你心靈無形中茁壯起來。

別再猶豫，不管是什麼職業什麼樣的人，
最好都要有一個屬於自己的運動，何況每天只要做個半小時就好了。
一整天一定會有空出來的半小時吧？
選擇一個自己喜歡的運動去做，來強迫性的分泌喜！

上班的時候，在電梯與樓梯之間可以選擇。
睡覺前半個小時，可以作一些簡單的運動。
假日時與期一直做一些室內活動，外頭大有好山好水等著你去探訪。

有人曾經建議，當你有什麼壞心情的時候就開始狂跑。
你將不會有任何時間想到那難過的事（再加上因為氣會很喘的關係吧）。
你可以試試看。

選擇一個讓你丟掉壞心情的活動，
不管是什麼運動，有動到，喜歡就好。

習題：決心做的運動，從今天就開始做，並且找出可以參加的社團，或付費上課的單位名稱。

練習呼吸

練習練習呼吸吧。

呼吸這個很多人直到死前從沒有意識到的事情，其實可以給我們帶來極大的喜悅。

許多打坐的方法，做瑜伽的方法，都可以幫助我們練習呼吸，體會沒有練習之前從沒有體會過的快樂。

這裡也有一個非常簡單的方法，先不用打坐，不用準備什麼特別的環境，可以立即就做，隨時就做。練習呼吸，可以從「數息」做起。「數息」可以說是「數呼吸」，但是注意，雖然說是數呼吸，但是只能從數「呼」或是數「吸」之中選擇一樣。不能又數「呼」又數「吸」。這裡建議的，還是數「呼」而不要數「吸」。

不論是什麼時候，不論你在什麼地方，不要管你是站著的，坐著的；不要管你是怎麼坐著的；甚至走動的狀態也好，你都可以開始練習數息。

你要做的只有三件事：

一，提醒自己要開始「數息」了。開始注意自己的呼吸。

二，把自己的呼吸速度調整均勻、緩慢下來。先均勻，再緩慢。這樣，呼吸之間，氣息的進出就會比較深。雖然越深越好，但是不能勉強而為。必須先均勻，再緩慢，讓吸氣和呼氣，自然而然地延長時間，自然而然地深入。

三，呼一次氣，就數「一」；呼第二次，數「二」；第三次，數「三」…… 如此數到「十」。數到「十」之後，就回頭從一，二，三……再數到十。如此反復數，不要中斷，不要一數數到十五，十六去了。

數息的時候，不必中斷自己在做的事，不必非要閉目。但是你勢必要這麼做，無妨。但是如果能一面做你該做的事，一面練習呼吸，會更有意思——尤其是對上班族而言。

每當你碰上心煩意亂的事情，每當你要頻臨脾氣爆發的邊緣，如果能立即吸一口氣，開始數息，練呼吸，從一數到十，數幾次之後，你一定可以調整自己的心情。走進會議室，碰上討厭的上司，無聊的話題，沒有效率的議程，要走又走不開，怎麼辦呢？練習呼吸，練習「數息」吧。看著他們開會，沒有必要非自己開口不可的時候，就把自己的呼吸調順吧。

何況，數息數得有心得了，你還可以再去試更進一步的打坐呢。

習題：在十五分鐘的時間內，你可以完整地數息，一到十，一到十地數幾次。每天做一次，用「正」
　　　字號記下自己的成績吧。

〈我有一隻小毛驢〉

我有一隻小毛驢，我從來也不騎。
有一天我心血來潮騎著去趕集～～

我手裡拿著小皮鞭，我心裡正得意，
不知怎麼稀里嘩啦，摔了一身泥～～

習題：試著用Rap版唱左頁的〈我有一隻小毛驢〉

練習空白或發呆狀態的重要

人的大腦，是越使用越靈活的；越使用越能承載重量，所以不必擔心過度負荷。

但是過度使用，也有疲勞問題。

不論從理性來說，我們試著給大腦在一定時間內裝載太多知識與數據；或是從感性來說，

給大腦在一定時間內承擔太多情緒的反應，這些過度使用，都會產生疲勞問題。

幸好，人的大腦不像人的衣服，過度使用後會磨損，出現破洞；也不像某些零件，過度使用後難以修補。

要讓大腦恢復靈活，最好的方法就是讓它休息。讓它不要活動。

所以要練習讓大腦保持空白，發呆。

回想一下小時候我們都有的經驗吧。

或是望著窗外，或是看著遠處的天空，

呆呆地，一看就是一個下午。

現在開始，練習發呆吧。

什麼也不想，坐在一個窗前，不管是看天空、看遠山、看路人，

最少從看三十分鐘開始。

看的喜

眼睛長在我們身上，本來沒有別的目的，為的是讓我們「賞心悅目」。
但是我們也可能把眼睛的功能反其道而行，專門只拿來看一些「不堪入目」的東西。

我們應該不停地詢問自己，我們看什麼會喜？
尋找自己最愛的風景，家人朋友的笑容，
或是你夢中人的臉孔。

最可能的事情是：最美好的風景已經在你眼前，
而你從不用心去看而已。

試著用心去看一樣東西。
花一點時間，去觀察在花朵中穿梭的螞蟻，探望樹皮的皺紋，
一切在你身旁卻被忽略的東西。
去觀賞大自然的造物的神奇，那不是任何人工可以比擬的。
在接近黃昏的時候出外走走，感受一下光線的柔和，
欣賞那時世界的美麗（至少看起來很美）。

這是一種感動，喜就是一種感動；）

習題：仔細觀察或回想你喜愛的一個人，用文字或用圖畫把他／她的臉部特徵敘述出來。

聽的喜

我們說過，聽到音樂心情好，人與人在開心的溝通之下，自然喜。

人是易感的，在一段好音樂前任誰都招架不住吧（如果有用心去聽的話）！
當你找到一首好歌、好音樂的時候，
先不管你當時情緒是如何，
是高興，是難過，憂愁或興奮……

都是喜的。

試著用心、認真地聽音樂吧。
音樂存在的時候一切都很有趣。
其實就像讀書、看電影一樣，音樂也應該很專心的欣賞。
你可以躺在床上，
放鬆一點，閉上眼睛，聽各種樂器的配合，
讓它們帶你去遠方。

你會在無形之間，或是最自然的狀況下感受到喜。

習題：你最喜歡的音樂，以及其中令你感動之處是什麼？

聞的喜

真要說起來，
比起聽覺、視覺或味覺，嗅覺是很容
易被遺忘的。
除了聞到臭味會排斥以外，
在日常中，我們是否經常嘗試著去聞
出東西的味道？

如果我們常常忽略嗅覺的話，
從現在開始試著從新找回它的功用。

花時間去用你的鼻子。
在這裡推薦植物的味道。先是水果，
食用之前仔細聞它們的含蓄、清新。
許多味道在餐廳、店家的渲染下，
街頭巷尾的向人獻媚招寵。
水果們只是靜靜的等待，保有自自然
然的味道。

也不要吝嗇用嗅覺親近那些花朵，
這對它們來說是一種讚美。

有意識地使用你的嗅覺，是讓自己的
生活多了一項新的程序。
也給自己可以體會的世界開了一扇新
的門戶。

習題：描述你最喜歡的花香，或香水，或體香……

觸的喜

觸摸也許聽起來很煽情。可能很多人會聯想到性。
但，觸的喜不只如此。

你記不記得，那些曾被你寵愛的玻璃珠？
它們在你手中，帶給你莫名的興奮。
它們雖然只是玻璃，但還是閃閃發光，像鑽石一樣。

放寬你的感覺，透過手掌與一切溝通。
試著去撫摸、感受衣物的皺摺，腳底與鞋的磨擦。
尊重每一件事物，不是只在需要的時候利用它。

喝水前感受那杯子，
東西使用後不要輕蔑的丟在一旁，讓它們因你而唯一。
與新認識的朋友握手，給予悲傷的人擁抱，
將你的關懷，最直接的表現出來。
這一切是很自然，美好的。

習題：你印象中觸的「喜」？

養「寵」物的理由

寵物為我們帶來的喜,其實很簡單也很直接。

寵物給了我們無條件的愛(當然不排除是為了食物),而且這種愛每天都存在,
牠不會因為跟你共處同一屋簷下十幾年,會像某些老夫老妻那樣變得無言以對。
牠照樣會在你每天回家、還未把鑰匙插進門鎖時,像跟你有著心靈感應般隔著門搖頭擺尾;
然後當你踏進來的時候,像熱愛中的戀人那樣給你最興奮的擁抱。

當牠把肚子翻過來,要求你幫牠搔癢的時候,你便會知道這隻狗狗可以給你喜。
當牠在你腳背上磨蹭,或在你懷裡睡著時,你便會知道這隻貓可以給你喜。

你曾經以狗或貓的眼睛來看世界嗎?
試著捕捉牠們的眼神,以不同的角度去觀看世界,
讓牠們突然專注起來的,可能是花朵上最美麗的蝴蝶、鬧市中最微弱的聲音,
或者連父母也沒留意到小嬰兒最燦爛的微笑。

習題：覺得應該取個人名的寵物（無論是植物還是動物），你也可以把牠們的照片貼在這裡。

如何和一盆快樂的植物交談

植物是有生命、有知覺的。

生物學家法朗塞說，植物的一切成長過程都是一連串的動作：「植物隨時隨地想著該如何屈垂、轉彎、顫動。」

一株橡樹會在持斧來砍它的人逼近時顫動，胡蘿蔔看見兔子時會發抖！

「人在黑暗中是憑說話辨認人的，同樣的，每朵花都是憑自己的氣味驗明正身的。每朵花都承載著其祖先的靈魂。……我觸摸這朵花的時候，也觸摸到無窮。早在人類存在這地球上之前，無窮已存在，而且還要繼續存在千百萬年。無窮乃是一種沉默的力量，我透過這朵花與它交談。這不是有形的接觸。它不在無形的世界裡。它是那呼喚著仙子精靈的寧靜小語聲。」

——《植物的祕密生命》彼得‧湯京士、克里斯多福‧柏德／著

在與植物的關係上，我們並不是走在一條單行道上，

植物散發的氣味、顏色、姿態，都是對我們的照料所作出的回應，是雙向的。

玫瑰得以盛放，是因為你看到烏雲密布時，趕緊把它抱到屋裡避過一場大雨的摧殘；

仙人掌枯萎了，表示你提供給它的生長環境，竟比沙漠更加嚴峻。

小小的蒲公英的生命得以散播到遠方，也是全靠你的一口氣。

試想想，你可以為植物做什麼事情，讓自己和它們都喜的。

你可以從今天起，走到你的盆栽旁，展開你們的交談：

「你好嗎？」

「我要做什麼才能讓你更健康？」

「我是否給了你太多／少水分？」

「你需要更多／少的陽光？」

習題：拍下你最喜歡的一個盆栽，回想你是怎麼和它開始相處的，並試著和它對話。

習題：這是一部開往郊外的巴士，給它一個與別不同的設計。

在風和日麗的早晨，你會邀請哪些喜歡的人一起去野餐呢？把他們畫上去吧。

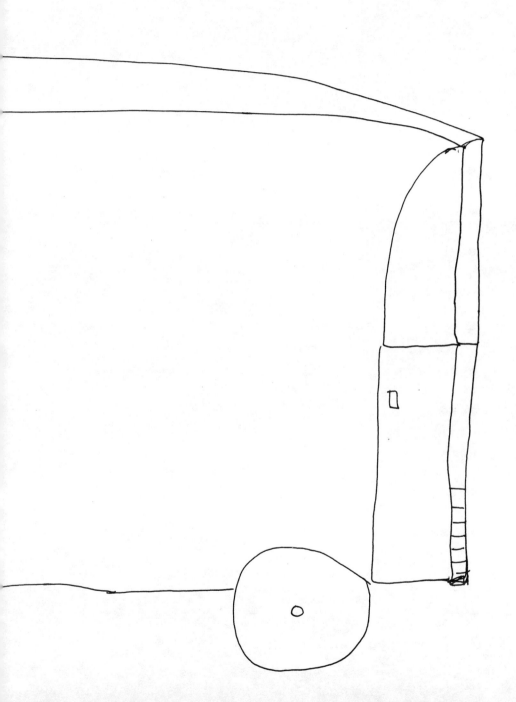

習題：配對——把左右你認為相關的項目串連起來。

周杰倫

●F4

●女F4

●5566

●S.H.E.

大、小S

●林志玲

●羅志成

●梁朝偉

●周星馳

●劉德華

●陳冠希

裴勇俊

●柯賜海

我的好朋友

最愛放臭屁

比愛恩斯坦更聰明

聲稱曾經被外星人擄走

是我的情人

是台灣總統

是台灣小姐

最喜歡吃叉燒包

不喜歡穿內褲

讓人笑破肚皮

是台客

是黑猩猩的好朋友

聞雞起舞

受全宇宙師奶的擁戴

習題：把左頁的配對組成一個有趣的故事／笑話，和好朋友一起創作會更好玩。
　　　開頭是這樣的⋯⋯

　　　有一天，我在等公車的時候

善加利用時間的喜悅

很多苦惱，都來自於時間——時間不夠用，時間不足分配的苦惱。

如何善用時間，是個很大的課題。所以市面上有那麼多以如何善用時間為主題的書籍。

但是看了那麼多的書也不見得真有收穫，

就好像大家很關心理財，但是看了許多理財的書也不見得真能成為理財專家。

要善加利用時間，說難很難，說容易也很容易，只要一個心理準備，一個方法。

一個心理準備就是，決心要使自己成為時間的主人。

在時間不夠用的時候，我們經常會抱怨許多事情。其中，對上班族來說，最主要的，大概是要抱怨幫手不夠。我們會羨慕當老闆的，有這個助手有那個助手，這件事情可以交辦，那件事情可以交辦，只有當小職員的，要接這個工作，要接那個工作，所以時間完全不夠用。

抱怨自己的時間不夠用，和抱怨自己存不了錢，有很相似之處。我們很容易就覺得，存錢是要等自己薪水多一點之後的事，現在這點薪水，怎麼夠儲蓄的分配。但是我們從日常實際的經驗中就知道，最會跟會存錢買房子的，往往都是那些公司裡薪水很低的人。

存錢的能力，和薪水的絕對值無關。時間夠不夠用，和自己是不是有助理無關。何況，比金錢更公平的是，每個人一天都是一天二十四小時。所以，要不要讓自己的時間夠用，完全是看有沒有成為自己時間的主人的心理準備。

可以用的兩個方法。第一個，是使用時間要有節奏。節奏，就是知道什麼時間，該用來做什麼事情最恰當。有了節奏，我們就可以用吃「土司」的方法，而不要用吃「薯條」的方法使用時間。吃「土司」的方法，是把時間一整塊一整塊地使用；吃「薯條」的方法，是把時間零碎切割地使用。沒有使用時間的節奏，不論讀書還是工作，我們都很容易用吃「薯條」的方法來使用時間；有了使用時間的節奏，我們就可以有可能使用吃「土司」的方法使用時間。吃「土司」的方法要比吃「薯條」的方法有效率太多，這又會使用我們使用時間進入一個良性循環。

習題：把你一個星期的時間，用「土司」的吃法分成一個個的區塊吧。一個區塊主要針對一種事情來處理。並且從一塊塊的「土司」的分配，來形成你時間的節奏感。

晚睡的喜

如果你是個習慣早睡的人,不要錯過偶爾有機會的晚睡。

在你的家人都入睡,在你的巷子裡的動靜都入睡之後,仍然保持清醒的你,可以做很多的事情。

你可以讀書。這時候讀書,你會感到翻動書頁的時候,不是你在翻動書,而是書頁在輕輕地翻動你。

你可以聽音樂。這時候的音樂,也許放不大聲。但是你會發現,從那個低沉的女聲中,你感受到了她的體溫。

你可以看電影。你可以⋯⋯

你可以什麼事都不要做。

只是在一盞燈下靜靜地想起一個人。

這個別人已經入睡安靜的世界裡,你知道,只有你們兩個人還醒著。

這個世界,是屬於你們兩個人的。

習題：如果你決定今晚要晚睡，想想白天最想做而沒法做的事情是什麼吧。

寫下來，再記下來你在晚睡的時刻裡，是怎麼做的。

早起的喜

如果你是個習慣晚睡的人，很難把精神熬到黎明。
或者，即使經常熬到黎明，天亮對你也不是天亮，
只是延長了場景的黃昏。
你無從享受，只想準備入睡。

但是，如果有機會，
試試從黎明中醒過來的可能吧。
或者，最少，在天色還沒亮起來之前，
試試假裝自己是剛醒過來的心情吧。

在十月的台北，四點半是個最微妙的時間。

所有的黑暗，仍然黑暗；
而所有的天色，也即將展現。
在仍然與即將中，只有混沌。

你可以望著窗外，仔細地等待。
然後永遠不知道什麼時候，
從哪裡，所有的混沌，開始出現了分界。

每天，你都以為自己在這次等待中可以贏一場。
每天，你都只有再等待下一次。
這也許會成為你開始早起的一個原因。
或者，最起碼，你不會覺得不值一趟早起的票價。

習題：如果早起，你還有什麼想要做的事？

當個運動球迷的喜

身為一個球迷是無比幸福的。無論是個實踐者或是欣賞者。

如果你打棒球，擊球時清脆的聲音，球進手套的結實感覺，草皮特殊的香味，
你不會忘記。
如果你打籃球，蓋一個比你高一個頭的人的火鍋，接著急攻上籃，那種快感，
你也不會忘記。
流汗後坐在場邊吹吹微風，然後和戰友一起去吃冰，
那種快樂無可取代。

身手不好沒關係，還可以當觀眾。所有的球員都可以是你的投射。
兩人出局兩好三壞後反敗為勝的再見全壘打！
槍響前防守人牆中拔地而起的最後一擊！
你尚且有無數的球迷，和你一起振臂吶喊、歡呼流淚——
為了曾經經歷過的經典賽事。

打球與看球，相互印證。
是力、是美、是哲學、是集體記憶。
只要流過汗、喊破過喉嚨，球的癮就永遠留在身體，隨時可喚醒。
來到球場，不管是現場、收音機還是電視畫面前，你永遠都是生龍活虎。

球迷，總也不老。

習題：如何打扮成一個運動球迷？

當一個粉絲的喜

當一個粉絲，是沒有門檻的。
無論你是少女還是師奶，是男是女，
不分身分地位，
你都有資格成為一個粉絲。
只要你有一顆一生不變，極度崇拜、
愛慕偶像的心。

當一個粉絲，是幸福的。
心頭上永遠都有一個特殊的位置被偶像
所占據，給了心頭一種滿滿的感覺。
偶像的一個微笑、一句簡單如「你們好
嗎？」的問候語，
都可以刺激粉絲最敏感「喜」的神經系
統，繼而狂呼、尖叫、大笑、流淚……
一次過嚐盡了人生的七情六慾。

當一個粉絲，人生會變得更積極。
粉絲最基本的任務，就是收藏所有偶像
相關的物品。
而且這種收藏是永無止境的，無論偶像
在世與否，
若撿到一條偶像的毛髮，對粉絲來說比
中大樂透還幸運。
因此，粉絲永遠會比非粉絲多了一種精
神寄託。

既然，當粉絲是一件那麼容易、那麼幸
福、那麼讓人生變得積極的事，何樂而
不為呢？

習題：關於你的偶像，有哪十件東西是你最想收集的？

習題：你曾經想擁有而沒能擁有，或者曾經擁有但是卻遺失了的物品有哪些？
　　　列出十樣，並定下一個日期，去補充購買回來。

1.

2.

3.

4.

　　5.

6.

7.

8.

9.

10.

習題：如果你想張貼一張失物招領的海報，你會怎麼寫？

笑話 3

鎚子狂徒

有一個人被太太控告重傷害罪。

法官說：「你知道嗎，你被控告有慣性暴力傾向，經常拿鐵鎚砸家裡的東西？」
這位老兄低頭默認。

這時，旁聽席後面傳出一個聲音：「真不是玩意兒！」
法官又說：「上個月你用鐵鎚把你太太最喜歡的小貓活活打死？」
這位老兄低頭默認。

這時，旁聽席後面又傳出那個聲音：「你這個混蛋！」
法官被這個聲音干擾得有點惱怒，但是忍了下去，又接著問：「這次你還用了鐵鎚把太太的腦袋打出三個洞，
她到現在還躺在加護病房裡？」
這位老兄還是低頭默認。

這時，旁聽席後面再次傳出那個聲音：「你這個混帳王八蛋！」
法官忍無可忍，站了起來：「後面的那位家屬，我知道你對被告的憤怒與不滿，可是這裡是法院，你要是再隨
便亂講話，我就會以你藐視法庭罪把你抓起來！聽明白了沒有！」

旁聽席後面的那個人也站了起來：「法官，我不是他太太的家屬，我是在他家旁邊住了二十年的鄰居。這二十
年來，我每一次要跟他借個鎚子，他都說沒有！」

習題：來寫個笑話吧

Part 4

從人際關係中練喜

習題：在這裡貼上一張你最喜歡的自己的照片，並思考如何保持照片中的狀態。

習題：在這裡貼上一張你最不喜歡的自己的照片，加些或減些什麼讓自己會喜歡上它。

習題：寫下這些形狀讓你聯想到的十個人名，以及最後一次見到他們的時間和地點。

習題：列出十個你長久失聯，最想見的人名，以及你準備怎麼找到他們。

學習說真話，但是不能全部說出來

學習誠實，學習說真話，是我們每個人從小被要求的事情。

但是隨著時間過去，我們長大，面對社會上不同的人和事情，說真話往往要遍體麟傷。

於是我們又要懷疑說真話的價值，裝上虛偽的面具。

偏偏，裝上虛偽的面具，又是一件很容易讓人不快樂的事，不開心的事。

那我們要怎麼辦呢？

還是要說真話，但是要記得，真話不能全部說出來。

不是每個人都能面對真實，有時候你只顧自己的感受，把全部的實話都講出來，

只會傷害到別人，也傷害到自己。

對不同的人，應該知道話要說幾分。

把話有所保留，不是撒謊，不是欺騙，只是考驗對你自己處世智慧的能力。

世界上的事，有聰明的真誠，和不聰明的真誠。

也有聰明的不真誠，和愚蠢的不真誠。

我們要努力做聰明的真誠，千萬不要做愚蠢的不真誠。

生活裡多了煩惱，還是多了喜悅，

差別不過是在這裡。

習題：你能不能練習對一個人既能把你想講的話都講出來，但是他又不會感到受傷？
　　　想一個人，想一段你想說的話，試試看。

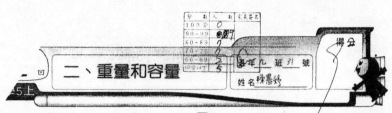

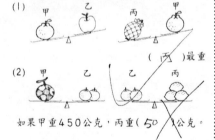

二、重量和容量

1 選選看。(每題6分,共18分)

(2)(1)一籃蘋果總重1公斤800公克,籃子重250公克,那麼蘋果的重是 ①2公斤50公克 ②1公斤650公克 ③1公斤600公克 ④1公斤550公克。

(1)(2)一瓶沙士1250公克,阿姨買3瓶共重 ①2公斤750公克 ②3公斤250公克 ③3公斤750公克 ④3公斤650公克。

(4)(3)媽媽買1包綠豆和2包紅豆共重1600公克,綠豆每包600公克,那麼1包紅豆重多少公克呢? ①1000公克 ②500公克 ③550公克 ④600公克。

2 比比看,回答問題。(每題6分,共12分)

(1)

甲　乙　　丙　　甲

(丙)最重

(2)

甲　乙　　乙　丙

如果甲重450公克,丙重(50)公克。

3 看圖回答問題。(每個答案5分,共20分)

(1)量杯裡有(900)毫公升的水,再裝100毫公升,就有(1000)毫公升,也就是(1)公升。

(2)哥哥買了一瓶1000c.c.的礦泉水,運動完喝了350c.c.後,還剩下多少?在右圖的量杯上畫出剩下的水量。

4 做做看。(每題10分,共50分)

(1)把3分公升50毫公升的柳丁汁和560毫公升的芭樂汁混合後,做成的綜合果汁一共有幾分公升幾毫公升?
560ml = 5dl 60ml
3dl 50ml + 5dl 60ml = 8dl 10ml

A: 8dl 10ml

(2)鮮奶一瓶1公升980毫公升,大偉買了2瓶,優惠期間又送1瓶,他共可以帶走幾毫公升的鮮奶? 1l 980ml = 1980ml
2+1=3
1980×3 = 5740

A = 5740ml

(3)佳佳每天喝25分公升的水,買600毫公升的礦泉水,至少要買幾瓶才夠?
25dl = 2500ml
2500÷600 = 4...100
4+1=6

A: 6瓶

(4)番茄汁一瓶4分公升20毫公升,汽水一瓶1250毫公升。6瓶番茄汁和2瓶汽水的容量,哪一種比較多?相差多少毫公升? 4dl 20ml = 420ml
420×6 = 2520
1250×2 = 2500
2520 > 2500
2520 - 2500 = 20

A: ①汽水 ②40ml

(5)半打礦泉水和半打番茄汁共有幾公升幾毫公升? 半打=6瓶
600×6 = 3600
420×6 = 2520
3600 + 2520 = 6120
6120ml = 6l120ml

A: 6l120ml

144

習題：怎樣好好鼓勵，或獎勵這位小朋友呢？

多陪小孩玩玩

小孩是很容易歡喜起來的。

所以，陪小孩在一起玩，最容易找到喜悅的鑰匙。

並且，在最意想不到的時候和地方。

你陪三歲的娃娃讀書，

看到一個脖子長長的東西問他：「這是什麼鹿？」

他會想半天，回答你：「Kangaroo嗎？」

你們也可以在一個床墊跳上跳下，

聽他快樂地尖叫，因為他是一個蜘蛛人，

跳上跳下的是101大樓。

你還可以拿一張紙剪出許多洞洞，

在黑漆漆的房間裡開一盞小燈，

拿著洞洞紙在燈前用力地晃，

讓他滿意地看到天花板上的星星。

你不喜歡和小孩子玩？嫌煩？

建議你去生一個吧。

生一個之後，就不一樣了。

習題：設計十個可以和小孩一起玩的遊戲

情人

……你們能契合當然是你們靈魂的形狀有補和，或是在同一水平上。

你現下的另一半，你的情人。

今天這一段關係的發生，不要說緣分那些，
你們能契合當然是因為你們靈魂的形狀有補和，或是在同一水平上，
所以吸引以及互相喜歡。

天下很多有情人，但並沒幾個能成眷屬。
把握現下與情人的關係，
這段時間屬於彼此，喜悅是對方應得的。

習題：能不能寫出你的情人最喜歡的十件事情，或物品？

花的名字與作用

親自去花店，為你心愛的人挑一把鮮花吧。

學會記住花朵的名字以及象徵意義，寫在這裡，也把他／她的表情和回應記下來。

習題：想像這個男生的情人是什麼樣子的。他想跟情人求婚，該說些什麼話呢？幫幫他吧。

分手的快樂

佛教說，離苦得樂。

有的時候，喜不是得到什麼，而只是擺脫什麼。

在愛情這件事情上，能擺脫一段自己早已經不想要的感情，

喜悅的程度應該不下於得到了什麼渴望已久的感情吧。

分手是一件說容易很容易，說難還真難的事情。

眾多困難中，最難的還是自己要下定決心。

什麼事情百分之百的美好，我們一定會追求。什麼事情百分之百的黑暗，我們一定會捨棄。

偏偏世事，尤其是愛情這件事情，沒有那百分之百的美好，也沒有那百分之百的黑暗。

總是美好中帶著黑暗，黑暗中帶著美好。所以我們難以取捨。

當我們的愛情已經變質，變成雞肋，變成美好和黑暗，美味和無味混雜著的時候，正是我們最難取捨的時候。

也因此，越是看來已經走味的酸奶，一不小心卻越是能一拖再拖，三年、五年、十三年。

不知在拖的是什麼，也不知在等的是什麼。

這樣的愛情，有點像拖著一條鼻涕。你不想要，卻又是你身上延伸出來的東西，於是就黏黏搭搭地拖著。這樣的愛情，卻又不像一條鼻涕。鼻涕你真不想要，還可以擦掉，只是小心一點不要弄髒衣服。但是這樣的愛情，你想分手，鼻涕卻是可能傷到你的。

怎麼不被鼻涕傷到，我們不知道。

我們唯一知道的，是應該定出一個底限。底限可以很寬，可以很嚴；可以長一點，可以短一點。

但唯一不能變的，底限就是底限。超過底限，就是結束的時候。超過底限，就是要保護自己的時候。

定這樣的底限，需要智慧。

所以，告別一段自己不想要的愛情，需要智慧。

我們會為了擦掉鼻涕而快樂。

我們更要為了有智慧地擦掉鼻涕而快樂。

自己要定出這段感情要結束的底限條件是什麼。

習題：想像這個女生的情人是什麼樣子的？她想跟情人分手，該說些什麼話呢？

情詩的藝術

請告訴你自己，告訴你愛的人，寫情詩收情詩並不是老套的事，
而是一件你的，和你的那個他／她的tailor made的「囍」事。
每一個用字，每一句的雕琢，每一個情節的編排，
都源自你和他／她互相的多巴胺在作祟。

「我的醜人兒，你是一粒骯髒的栗子，
我的美人兒，你漂亮如風，
我的醜人兒，你的嘴巴大得可以當兩個，
我的美人兒，你的吻新鮮如西瓜。

我的醜人兒，你把胸部藏到哪裡去了？
它們乾瘦如兩杯參粒。
我更願意見到兩個月亮橫在你的胸前，兩座巨大的驕傲的塔。

我的醜人兒，海裡也沒有像你腳趾甲那樣的東西，
我的美人兒，我一朵一朵花，一顆一顆星，
一道一道浪地爲你的身體，親愛的，編了目錄：

我的醜人兒，我愛你，愛你金黃的腰，
我的美人兒，我愛你，愛你額上的皺紋，
愛人啊，我愛你，愛你的清澈，也愛你的陰暗。」

——〈一百首愛的十四行詩‧20〉聶魯達

看，情詩不一定要寫得盪氣迴腸，綺麗纏綿；不是文藝青年，並不代表你就沒有能力寫出讓你愛人喜的情詩。
一些日常生活的瑣事，小如愛人臉上的一根汗毛、大如愛人的胃口、醜如愛人被你抓到放臭屁的時候……都可以拿來作情詩的材料。
無論你的情詩多麼幼稚，文筆有多爛，只要你像聶魯達那樣，謹記寫下最重要的三個字——我愛你，便OK。

習題：現在就寫一首詩獻給你最愛的人吧。

家人

比起你家樓下剛
好有一家帶給你
很多方便的便利
商店，
一家人是一家人
這件事遠比它複
雜得多。

如果說，靈魂的
形狀一直會因為
成長環境而改變
的話，
那家人就是你靈
魂的調色者，
給你一種屬於你
的顏色。

這種事不會隨便
發生的。
而既然有這種緣
分，能夠不讓他
們喜嗎？
父母帶你長大，
兄弟姊妹分享、
分擔你的悲喜，
你愛他們，他們
是最應該得到你
的喜的人。

習題：你最不喜歡的家人，或最不喜歡你的家人是誰？

好好回想一下這是如何造成的，並且如何寫封信給對方溝通一下？

朋友

……友情也要心中有情才行

難過的時候給予你的喜，
開心的時候分享他的喜，
這是友情，
這樣也才算有情。

知心好友是多麼的難得，請讓他們知道他們對你是如何的重要。

習題：回想你生命中和朋友相處最愉快的時光，並且寫下你最難忘的快樂回憶。

習題：安排一點跟別人共處的時光

TIME	MON	TUE	WED
			跟爸媽吃早飯
		約 Candy 看電影	
	跟來福一起慢跑		

160

THURS	FRI	SAT	SUN

把喜傳給一面之緣的人

每天在街上走，不知道跟多少張臉孔交錯。
對大多數的人來說，路人不過就是路人。
在都會中人與人的交會最尋常不過了。

試著在這反覆之中找到自己的樂趣，
他們並不是機械（即使是機械），他們都有感覺，
你的行為將會直接或間接的影響他們。

作一個令他們難忘的路人，不要吝嗇付出你的微笑。
只要你願意，你可以帶給他們好心情。
也許他們不會記得你的臉孔，
他們不知道你的名。
但是那感覺，他們不會忘記。

習題：今天，你打算如何把喜傳送給一個不認識的人？

特殊的人，也應該讓他們喜起來

當你不幸遇到敵人的時候，請干萬不要生氣，

不然，你就中計了。

他正在試著摧毀你的一整天。

仇恨是痛苦，悲哀的。

試著減少你的敵人。

心中沒有喜，

也就是敵人產生的時候。

與其說在幫助他，其實是在幫助自己。

當你心中帶著喜悅，人家的言語沒辦法打擊你，沒辦法把你看低。

你不用把敵人當成朋友，但他們也沒必要成為你的敵人。

他們可以羨慕你，或是貶低你。

這一切對你而言都沒有關係。

大家都需要喜，敵人就是心中沒喜。

有喜了就不會成為你的敵人。

心中有喜，不要自己製造敵人。

Net and Books讀者回函卡

謝謝您購買Net and Books雜誌書！
如果您願意，請您詳細填寫本卡各欄，寄回網路與書
即可不定期收到網路與書的最新出版資訊。

姓名：_____　　身分證字號：_____　　性別：□男　　□女

出生日期：_____年_____月_____日　　聯絡電話：_____

住址：_____

E-mail：_____

學歷：1.□高中及高中以下　2.□專科與大學　3.□研究所以上

職業：1.□學生　2.□資訊業　3.□工　4.□商　5.□服務業　6.□軍警公教

　　　7.□自由業及專業　8.□其他

購買書名：_____

從何處得知本書：1.□書店　2.□網路　3.□報紙廣告　4.□雜誌

　　　　　　　　5.□新聞報導　6.□他人推薦　7.□廣播節目　8.□其他

您以何種方式購書：1.逛書店購書 □連鎖書店 □一般書店　2.□網路購書

　　　　　　　　　3.□郵局劃撥　　4.□其他

您覺得本書的價格：1.□偏低　2.□合理　3.□偏高

您對本書的評價：(請填代號 1.非常滿意 2.滿意 3.普通 4.不滿意 5.非常不滿意)

書名_____　內容_____　封面設計_____　版面編排_____　紙張質感_____

讀完本書後您覺得：_____

1.□非常喜歡　2.□喜歡　3.□普通　4.□不喜歡　5.□非常不喜歡

您希望我們製作哪些專輯：_____

對我們的建議：_____

_____

_____

習題：誰是你的敵人？想五個方法，讓你想到他的時候，會微笑。

習題：想想這個人讓你最開心的三件事（如果你自認是「藍」的，這是必答題）。

你對他的祝福：

習題：想想這個人讓你最開心的三件事（如果你自認是「綠」的，這是必答題）。

你對他的祝福：

習題：找找看，誰在裡面最安靜？

不要生氣的理由

我們常為別人做了對不起自己的事而生氣。

但那只是以別人的愚蠢來懲罰自己。

如果你已經因為別人做錯了事而感到受了傷害，

那就不要再生他的氣了吧。

生的氣越大，

就是給自己越大的二次傷害。

做錯事的人如果愚蠢，

為他做錯事而生氣的人就更愚蠢了。

習題：寫下自己最常生氣的理由，再分析其中愚蠢之處。

習題：畫出（或貼上）你老闆（或老師）的樣子（或照片）

習題：老闆（或老師）讓你最討厭的十件事，你要找出各一個可以微笑面對的理由。

如何Do Right Thing 而不是Do thing Right？

Do thing right（把事情做對），是每天被時間的壓力追著跑，做不完的事情，所以，整天趕著能把一些事情處理得沒有問題就不錯了。但目標雖然如此，卻總是不免掛一漏萬，這裡出點問題，那裡出點狀況。

Do right thing（做對的事情），則是每天對時間好整以暇，看看這裡，想想那裡，只有真正需要做的事情才去全力把它做好。所以，不會浪費時間，不會浪費精力。事情處理得也會漂漂亮亮。

想要Do right thing 而不是Do thing right，是每個人都想的事，卻不是每個人都能做到的事。

想要Do right thing，最重要的根本，並不是在如何面對時間，而是如何面對自己。要清楚地知道自己的人生目標是什麼，要清楚地知道自己的工作目標是什麼。只有當你知道這些目標有多麼清晰，只有當你知道達到這些目標之前你在多麼可怕的境地原地打轉，你才會真正奮發圖強，一定要擺脫那些牽絆你的束縛，一定要堅定不移地朝目標邁進──不管這個目標是幫你賺多少錢，還是幫你找到多少與家人相處的時間。

只有當我們清楚地知道這些之後，我們才會知道怎麼 Do right thing.
不明白這些，再努力地工作，都頂多不過是do thing right.

習題：對你人生目標非常重要，但是你長期想做卻沒做的十件重要事情，寫下來，以及必須完成的
　　　日期。

學習大亨的信念

想成為大亨嗎？這是有方法的。

大亨每天都會實踐這些信念：

一、有組織的：寫下每天預定的行事和目標，並按計畫行事。

二、回饋的：每天幫助別人一件事情。

三、創造的：每天思考一件創造財富的計畫，並切實執行。

四、專注的：至少做一件該做，卻遲遲未做的事。

五、有自信的：每天靜坐十五分鐘感覺自己很好，並達到幸福的感覺，再做運動或慢跑十五分鐘。

六、心懷感激的：會告訴家人、朋友和同事「我喜歡你」，而且真心喜歡他們，並不吝於讚美或問候他人。

七、樂觀的：不會老想過去的失敗，而會樂觀地思考目前和未來。

八、有教養的：每天讀書來改變自己的心態，避免將時間浪費在沒有生產力、耗時的人事物上。

九、節省的：絕無必要的情況下，不做消費者或納稅人。

十、有人緣的：迷人又和藹，而且不道人長短。

十一、機警的：敞開心胸，接受新想法、新經驗和提供新事物的人，不會墨守陳規。

十二、可靠的：準時、誠實、圓滿地遵守所有企業、社會和道德義務。

以上大亨的信念，取自《像大亨般的思考》（Think like a tycoon）威廉‧希爾（William Hill）著。

習題：先堅持一個星期吧。看看大亨信念，哪些是你做得到的？做不到的？

習題：填上他們的對白吧。

如何祈禱讓美夢成真？

每個人都有事情要祈禱。每個人都希望他祈禱的事情能成真。

去行天宮或是龍山寺看看那麼多人在燒香祈禱就知道了。

但是，要讓我們的祈禱成真，上帝或是上天或是佛菩薩必須聽得到我們。

而那麼多在祈禱的人，我們值得被上帝或是上天或是佛菩薩注意嗎？

或是說，在那麼多人裡面，為什麼是我們要被眷顧呢？

如果我們在祈求健康，但是卻每天毫無節制地暴飲暴食，或不飲不食，

如果我們在祈求財富，但是卻無時無刻不在貪婪消費，

如果我們在祈求平安，但是卻什麼傷天害理的事都做得出來，

這種祈禱會有用嗎？

這種祈禱發出的聲音再急切，和鸚鵡學舌又有什麼不同呢？

祈禱是會有用的。

但必須全心全意地祈禱，全心全意地把自己身心統一起來，然後照你祈禱的願望全心全意地生活。

電影《戰火浮生錄》的開場，有上了戰場的詩人告訴他的情人如何等待他的歸來。

「如果你肯等待，我將歸來。

但要等到天下紅雨，降黃雨。

等到一切的希望破滅，

等到一切的等待停止。」

我們的祈禱，也應該如此。

有一個我們要祈禱的目標，就全心全意地努力去讓它發生，不隨任何的因素而動搖。

天助自助。

只有當我們的祈禱透出這樣的力量與決心的時候，

我們的祈禱才有可能為上帝或上天或佛菩薩所聽到，才被認為我們值得被祂們眷顧。

習題：現在你有什麼夢想？用你最全心全意的決心，準備去完成。寫在許願池上吧。

Part 5
故事發生在一個遙遠
　　叫做紗曼的一座美麗小島

故事發生在一個遙遠，叫做紗曼的一座美麗小島。在這座小島上有種奇妙的樹，人們叫它傑摩。

傑摩樹的花，可以成為食物。

傑摩樹的葉子、纖維可以做衣服、繩子。

連島上的房子也都是由傑摩的樹枝及烘乾的葉子蓋成。

島的正中央，還有一塊石磨——

沒有人知道石磨是什麼時候開始有的，

不管大人或小孩，只要有時間就會一起推動那石磨。

流了滿身大汗後，大家會唱唱跳跳地圍著。這時候的傑摩花朵，不但可以吃飽，還會吃出一種芬芳的滋味。

島雖然不大，傑摩樹隨處可見，人們都開開心心地過日子。

大家都敬愛這些樹，還有那個石磨，認為它們是天神的禮物。

塔，是一名手腳俐落的男孩。十六歲就結婚的他，就正是這麼認為

灰色的天空　行人的臉不見蔚藍

寒冬　扣子扣到了頸口

笑容被憋住　沒有出口

那新上的鎖　沒有小偷撬得開

天空不藍　臉上的雲可以散

別人不然　那與你無關

無形的鎖　不用鑰匙來開

真正的鑰匙　就在左邊的口袋

這是塔最愛唱的一首歌。

有一天小島上來了一個人，手上拎著一個大大的黑箱子，他自稱吉特。

從來沒見過陌生人的大家，每個人都圍著吉特，想看看到底他有什麼戲法，
為什麼會來到這個只有傑摩樹的小島上。

吉特微笑著，朝每個人點點頭：

「您吃過飯了嗎？吃什麼飯呢？」他問。

「我們這兒都吃傑摩花。」大家還驕傲地告訴他，怎麼推石磨吃出特別的滋味。

「傑摩花──光吃傑摩花會飽嗎？夠營養嗎？」吉特很驚訝的說。

每個人都吱吱唔唔，不知道要如何回答。因為他們不知道什麼叫營養，也從來沒有擔心過這個問題。
吉特走到石磨前，把黑箱子放上去打開來，每個人都把頭伸過去。

吉特抓出一把黑豆子：
「這是魔術豆。你們只要種下去，就會長出很多好吃的食物，不用推磨。
今天咬一口有雞腿的味道，明天咬一口有牛排的滋味。」

「什麼是雞腿啊？什麼是牛排啊？」有人小聲地問。

吉特哈哈大笑：「你們只要把種子種下去，就會知道了。」

居民又遲疑地伸出手，接過黑色的種子。

有人順手就種在石磨的旁邊，有的人帶回家，打算種在自己家門口。

其中，只有一個人沒有拿這些黑種子，並不是他比較聰明，而是他不想花這個腦筋。
對他來說，傑摩的花就是最好的食物，他腦中想的事情很多，食物只要夠了便行。

塔就是這樣空手到家的。他的妻子，比他小一歲卻比他懂事，大驚小怪地問他：「為什麼你不帶些黑種子回家，像其他的丈夫一樣？！」

第二天一早，濛濛細雨中，突然之間，隨著嗶嗶剝剝的聲音，每家門口都長出了一棵棵大樹。
大樹的葉子是黑色的，但是結著碩大無比的金色的果實，令人垂涎欲滴。

塔還在做著快樂的夢。在夢中他有吃不完的傑摩花，唱不完的歌……

但是他被外面的歡喜叫鬧聲吵醒了。

有人在高叫他吃到了冰淇淋，有人是大西洋牡蠣、三杯雞三杯小捲三杯魷魚，有人是起司漢堡、炸薯條。

塔不明白那樣的食物有什麼特別。在他的心中，傑摩花就已經夠美味了，什麼漢堡薯條，他聽都沒聽說過。

塔擠過歡欣的人群，來到石磨前。
傑摩樹下什麼人也沒有。

金色的果實吃也吃不完，又不要賣力磨石磨才吃得出滋味，村子裡每個人都想要種更多的黑樹，
嚐更多的新東西新口味。

塔成了最孤獨的人。
連他的太太也不要和他到石磨邊磨一磨。

塔成了最孤獨的人。
只有他看出村子裡每一個吃得越來越胖的人，臉上的顏色卻越來越難看了。
有人胖得腫了，有人胖了之後又突然削瘦下去。

只有塔，還是每天去摘傑摩的花來吃。他沒變胖也沒變瘦，每天還是快樂的唱著歌。但是他的快樂也沒有持續
多久，一個下雨天的下午，塔來到了傑摩樹下，卻發現樹上連一朵花也沒有。

一個白髮蒼蒼，有好幾百歲的模樣的老人出現──

「唉！」老人嘆氣了，「我怕你就要沒花可吃了！」

「為什麼呢？」塔問。

「村人都不摘花吃，也不摘樹葉來用，傑摩樹循環不良長不好，很快就會凋零。
再加上黑色大樹侵蝕了土地，又污染了空氣，傑摩樹真的快要沒有生存的空間了。」老人說。

「那該怎麼辦？這可是我的生命樹！」

老人看看他說：「你真的想救傑摩樹？」

「真的想！」塔認真的回答。

「那你要知道傑摩樹的真實名稱，還要給傑摩樹三個禮物。

傑摩樹的本名叫Tree of Joy。

傑摩樹需要須彌山的聖水、日月洞窟的紅土，以及最後一個你必須自己找到的禮物。

須彌山在太陽之西月亮之東，一定要在太陽底下走滿三百天。

過了這座山，一定要在月亮底下走滿三百天，才能找到日月洞窟。

至於最後一個禮物——則只有你自己尋找！」

塔用心記下了這些訊息，離開家，走上自己的道路。

story 4

須彌山高不可測，塔在太陽底下足了三百天才來到山下。

山下守著一隻有著美麗藍色羽翅，全身花斑美麗的老虎。

插翅的花斑虎傲然地問他：
「你為什麼要來送死呢？」
「我要到太陽之西月亮之東，須彌山頂取聖水。傑摩樹一定要有聖水才能活下去。」

花斑虎說：「你如果能告訴我水是什麼，我就讓你去。否則就要死在這裡。」
塔知道這是他唯一的機會，所以回答：
「你是地上的王，又有飛天的本領，水底是唯一你進不去的地方，水是你最珍貴的寶物。」
老虎點點頭。「你看清別人的弱點是什麼，上去取水吧！」

下了須彌山，在月光下往南再走三百天，塔看到一個山洞。一個赤眼蛇守護的山洞。

赤眼蛇伸著舌頭，嘶嘶作響說：
「我知道你要什麼東西，但是你要先回答我。我有七種顏色不同的水果想吃，卻只能看不能吃，是什麼原因？
你要是能回答得出來，就可以拿走紅土，回答不出，就要死在這裡。」

塔很快地想了許多答案，都不像是赤眼蛇要的。

就在他想要放棄時，天空突然飄下細雨。
陽光下的雨珠，閃閃發光，像是一串串的珍珠，又像是彩虹串成的項鍊。

「我知道了！你想吃的七種顏色的水果是彩虹，所以只能看不能吃。」

「你知道別人的需求是什麼，你可以拿紅土走了！」赤眼蛇這麼說。

塔本來還需要尋找第三份必須由他自己尋找的禮物，但是，他想到自己已經走過三百天的晝路，又走過三百天的夜路。現在一定要趕快回去紗曼島，看他思念的太太和村人都怎樣了。

這時的紗曼島卻變成像是一座黑色的島嶼，到處都是黑森林，空氣濃濁、臭氣薰天。蕭條的街頭看不到一個人影，連平時會出來曬太陽的小貓咪也不見蹤影。

塔看到被黑森林圍繞著的一棵棵傑摩樹已經逐漸凋零枯萎，連忙跑到島中央的石磨邊，將紅土、聖水倒在那棵最高大的傑摩樹旁。

做完自己的工作，塔回到家看自己的太太，又開始一家家探問，看看到底發生了什麼事。這時那個叫吉特的陌生人已經不見，全村的人都病倒，大家都不知道發生了什麼事，只有黑色大樹上的金色果實仍然越長越多。

每個人都說，吃了很多金色果實之後就生病了，但是傑摩樹已經不開花，他們別無選擇，只能繼續吃，繼續生病。

塔的心情很沉重，他也沒有傑摩花可以吃。

走在回家的路上，他的腳步特別的遲緩沉重。

story 6

第二天清晨，陽光照在塔的臉上，彷彿要催他快快起身似的。

塔穿上了衣服，看到妻子叉著腰站在門口，塔連忙說著：

「我去找食物回來，我一定會找到的！」

他閃出家門，喘了一口氣——說實在他並沒有把握找到食物，但他又不想吃那些金色的果實。

塔趕到石磨邊，想看看傑摩樹到底怎麼樣了，那些聖水、紅土，真的有用嗎？

還沒到石磨邊，塔就聞到一股花香，非常奇異的香味，像是一直以來記憶中的香氛、總是在夢中出現的味道。塔匆匆趕過去，可憐的傑摩樹仍然沒有起色，倒是傑摩樹旁邊湧出了一道清泉，長了一棵小小的果樹。果樹不大，奇異的是，樹上結滿了紅橙黃綠藍靛紫，七種不同顏色的彩虹果。

塔看著陽光下的彩虹果，突然跳了起來——

塔連忙將彩虹果一顆顆敲下來，紅橙黃綠藍靛紫，七種不同顏色的彩虹果放到石磨中榨成漿，然後加上清甜的泉水配成果汁，送到村中每個人的家中。

每個病人喝了彩虹果漿和清泉配成的果汁之後，立刻感到舒服多了。有些村人甚至能立刻起身，開始幹活了。

這天塔忙到很晚才回家，他的手中仍然空空的，但是他很滿足。

第三天的早晨，塔被一陣嘈雜的人聲吵醒。有人說：

「我要見見他，當面謝他。」

「可是他還沒起床啊！」妻子不耐煩的說。

「那我等他，等上一天一夜也要等！」

塔跳起身來，看到村人都擠在門口，要跟他道謝。

塔笑著說：「不必謝我了，要謝還不如大家一起去唱歌吧。」

塔走出門，帶著一群人朝小島中央的石磨走去：

「我們要給傑摩樹唱歌，讓傑摩樹開心起來，重新開花長葉子。」

全村的人都聚集起來了，塔宣稱說：「我們先將這些黑森林剷除掉，然後再唱歌給傑摩樹聽。」

大家一起動手，很快的一片黑森林被推倒了。原來那些黑色大樹一點也不紮實，輕輕一推就倒了，金色果實碰到地面就化成灰燼。

黑森林慢慢消失了，天空又恢復了原來的藍色調，傑摩樹又有了呼吸的空間。這時塔帶領大家，一邊推動著石磨，一邊唱起歌來。

大家齊聲唱起來，但是高高低低的無法和諧。終於他們還是一起唱出了塔最喜歡的那首歌：

灰色的天空　行人的臉不見蔚藍
寒冬　扣子扣到了頸口
笑容被憋住　沒有出口
那新上的鎖　沒有小偷撬得開

天空不藍　臉上的雲可以散
別人不然　那與你無關
無形的鎖　不用鑰匙來開
真正的鑰匙　就在左邊的口袋

一個小孩悄悄的問道：

「左邊的口袋，到底是什麼意思？」

一個大人噓了一聲說：「不要亂講話！」

歌聲停歇下來，大家都很滿足興奮。他們抬頭仰望著傑摩樹——就像當初的仰望。

這時一個孩子突然叫了起來：

「我看到傑摩開花了！我看到傑摩開花了！」

大人們紛紛轉過頭，四處尋找。

果然，在一棵傑摩樹的枝椏上冒出了一朵小花，粉粉嫩嫩的小花，不折不扣就是當初的那朵傑摩花。

眾人歡聲雷動，每個人都又唱又跳，傑摩樹也像是在歡笑，不斷的冒出一朵朵的鮮花與樹葉。
這時有人突然開始動手摘下一朵朵的傑摩花大吃起來，然後每個人也都跟著摘花吃起來。

塔突然明白了。

老人告訴過他，傑摩樹的本來名字叫作Tree of Joy，喜悅之樹，而他要找的第三個禮物，
就是大家快樂的歌聲！

喜悅與歌聲，是分不開的。

這個故事發生在一個遙遠，
叫做紗曼的一座美麗小島。

■

習題：創作你自己的喜的故事

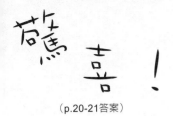

驚喜！

（p.20-21答案）

i	g	l	a	d	c	f	d	z
h	a	p	p	i	n	e	s	s
v	i	u	t	s	p	q	h	t
m	e	r	r	y	d	e	k	h
i	t	q	o	o	y	r	n	g
r	y	r	c	a	e	s	o	i
t	z	y	g	e	v	f	y	l
h	i	g	h	w	x	k	t	e
t	u	c	b	l	i	s	s	d

手	不	赤	樂	乎	歡	眼	心	怀
嘿	靡	知	善	行	奮	住	曠	快
愉	怡	忐	高	興	夢	致	神	寶
懷	燕	常	鳴	彈	致	觸	情	開
璧	吉	樂	不	喜	歡	躍	一	心
開	心	樹	吃	廬	事	耳	欣	笑
額	連	利	色	樂	快	活	無	為
蕉	天	籤	衣	陶	樂	心	百	淋
揚	眉	抵	掌	晦	得	意	樂	躁

練喜簿是一本讓你認識喜、記錄喜、創造喜和分享喜的書。

歡迎你把寫在此練喜簿裡的任何塗鴉、笑話、喜的心情筆記等等，

郵寄給我們或上「網路與書」的網站，跟我們分享你的喜。

「網路與書」網址：www.netandbooks.com

FOR2 系列01

練喜簿

The Practice of Joy

Created by RJF studio

文字：vonz & rex

插畫：吳孟芸（Part 5《故事發生在一個遙遠叫做紗曼的一座美麗小島》）、吳騏

新聞照片來源：中國時報（p. 166／陳信翰攝、 p.167,p.168-p169／王遠茂攝）

責任編輯：冼懿穎

美術設計：張士勇工作室

法律顧問：全理法律事務所董安丹律師

出版者：英屬蓋曼群島商網路與書股份有限公司台灣分公司

台北市10550南京東路四段25號10樓之1

TEL：886-2-25467799

FAX：886-2-25452951

讀者服務專線：0800-252-500

email：help@netandbooks.com

http://www.netandbooks.com

郵撥帳號：19542850

戶名：英屬蓋曼群島商網路與書股份有限公司台灣分公司

總經銷：大和書報圖書股份有限公司

地址：台北縣新莊市五工五路2號

TEL：886-2-89902588

FAX：886-2-22901658

製版：瑞豐實業股份有限公司

初版一刷：2005年11月

定價：新台幣250元

ISBN 986-81623-2-7

Printed in Taiwan